Michael Pollert

Borderline-Persönlichkeitsstörung (BPS)

Der kleine Ratgeber für Betroffene,
Angehörige und Freunde

1. Auflage 2016

Das Wissen, die Hinweise und Ratschläge des Autors, die in diesem Ratgeber niedergeschrieben sind, wurden vom Autor nach bestem Wissen und Gewissen niedergeschrieben.
Eine Haftung für eventuelle Sach- Vermögens- oder Personenschäden ist ausgeschlossen. Es können keine Ansprüche gegen den Verlag oder gegen den Autor gestellt werden!

Keine Teile dieses Ratgebers dürfen ohne schriftliche Zustimmung des Autors vervielfältigt oder veröffentlicht werden.

© 2016
Herstellung und Verlag: BoD – Books on Demand, Norderstedt.
ISBN: 9783741295553
1. Auflage 2016

Bibliografische Information der Deutschen Nationalbibliothek
Die Deutsche Nationalbibliothek verzeichnet diese Publikation in der Deutschen Nationalbibliografie; detaillierte bibliografische Daten sind im Internet über http://dnb.d-nb.de abrufbar.

Vorwort

Schon seit längerer Zeit beschäftige ich mich mit der Borderline-Persönlichkeitsstörung (BPS) und die damit zusammenhängende Belastung für die Betroffenen selbst und deren Angehörigen.
Nach aktuellen Zahlen leidet etwa sechs Prozent der Bevölkerung an einer BPS.
Mädchen und Frauen sind etwas häufiger von einer BPS betroffen als junge Männer und Männer.
Die Zahl der Menschen, die unter BPS leiden nimmt weiter zu.

Mit diesem Ratgeber möchte ich mich besonders an die Angehörigen und Freunde einer Borderlinerin/ eines Borderliners wenden und ihnen Wissen und Hilfestellungen für den oftmals nicht so einfachen Lebensalltag geben.
Die einzelnen Themen sind bewusst kurzgehalten und auf das Wichtigste beschränkt.
Auf unnötige Umschreibungen und Fachbegriffe wird in diesem Ratgeber komplett verzichtet.

Es werden weiter keine ärztlichen Ratschläge und Hilfestellungen gegeben.
Der Ratgeber soll dazu dienen, den Angehörigen und Freunden eines unter Borderline-Persönlichkeitsstörung leidenden Menschen einen „Einblick" in dessen „Welt" zu verschaffen. Denn erst wenn man ein Leiden besser versteht, kann man auch das Verhalten eines Betroffenen verstehen.
Grade im Umgang mit Borderlinern treten oft Unsicherheiten und nicht selten auch Ängste seitens der Angehörigen und Freunde auf.
Hier möchte ich mit diesem Ratgeber gegensteuern.

Inhaltsverzeichnis

Was ist eine BPS?	11
Ursachen einer BPS	14
Wie fühlt ein Mensch mit einer BPS?	16
Wie gehe ich mit einem unter BPS leidenden Menschen um?	20
BPS und Sexualität	25
Innere Leere	27
Stimmungsschwankungen	29
Wut	31
Selbstverletzung und suizidales Verhalten	32
Essstörungen bei der BPS	36
Behandlungsmöglichkeiten	37
Borderline bedeutet für mich...	39
Aussichten nach einer Therapie	42
Partnerschaft	44
Freundschaft und Borderline	46
Was habe ich über die BPS gelernt?	49
Schlusswort und Danksagung	51

Was ist eine BPS?

Bei einer Borderline-Persönlichkeitsstörung sind das Selbstbild, die Stimmung und nicht zuletzt auch die zwischenmenschlichen Beziehungen beeinträchtigt.
Dies wirkt sich auf die privaten und beruflichen Lebensbereiche der Betroffenen negativ aus.
Häufige Stimmungsschwankungen und Wutausbrüche gehören genau so dazu, wie nicht selten sehr schnell wechselnde Geschlechtspartner und Liebesbeziehungen.
Es handelt sich bei einer BPS um ein schwerwiegendes psychisches Krankheitsbild, bei dem es Schwierigkeiten bei der Steuerung von innerer Anspannung und Gefühlen gibt. Dabei kommt es oftmals zu einem selbstverletzendem und/ oder auch suizidalem Verhalten.
Eine Borderline-Persönlichkeitsstörung tritt meist in der Jugend erstmals auf und bleibt dann über einen längeren Zeitraum bestehen.
Im Gespräch mit einer Betroffenen, die schon seit über acht Jahren an einer BPS leidet, sagte sie mir: „Eine Borderline-Störung verschwindet nie, aber ich habe auch durch die Therapien gelernt, mit ihr umzugehen und kann jetzt ganz gut mit ihr leben."

Heutzutage gibt es gute Möglichkeiten eine Borderline-Persönlichkeitsstörung zu behandeln und zu therapieren.

Die Diagnose BPS zustellen, ist auch für erfahrene Ärzte nicht einfach, da nicht alle Symptome bei jedem Patienten zutreffen müssen., denn die Symptome sind individuell verschieden.

So leidet beispielsweise die/ der eine unter Schlafstörungen, Zwängen, soziale Isolation und innerer Leere.

Ein anderer Mensch leidet beispielsweise unter Verzweiflung, ist deprimiert, hat Wutausbrüche oder ein dauerhaftes Gefühl der Langeweile.

Wieder ein anderer Mensch hat plötzlich Wut, Panik- und Angstattacken sowie Selbstmordgedanken.

Dies sind nur einige Beispiele und zählen keines Falls alle möglichen Symptome auf.

Wichtig ist, dass sich die Betroffenen in professionelle Behandlung und somit auch in eine Therapie begeben. Ohne professionelle Hilfe liegt die Selbstmordrate bei circa fünf Prozent.

Kurz zusammengefasst kann man sagen, dass es sich bei der Borderline-Persönlichkeitsstörung um eine Störung des Selbsterlebens handelt, in der sich Betroffene in ihrem eigenen Körper gefangen fühlen,

in dem sie Leere, Spannungszuständen sowie extreme Stimmungsschwankungen spüren.
Zudem haben sie Schwierigkeiten mit ihren Emotionen und Impulsen umzugehen und Ihr Selbstwertgefühl zu regulieren.

Den Betroffenen fehlt durch die unkontrollierte Achterbahnfahrt ihrer Gefühle, welche meist anhaltend ist, Sicherheit und das Gefühl zu sich selbst.

Ursachen einer BPS

Die endgültige Ursache einer Borderline-Persönlichkeitsstörung ist noch nicht erforscht.
Es kommen jedoch negative Ereignisse aus der Kindheit infrage. Da aber auch Menschen an Borderline leiden, die in ihrer Kindheit keine negativen Ereignisse wie zum Beispiel Missbrauch, Misshandlung, ein Entzug von Liebe oder Gefühlskälte der Eltern erlebt haben, kann dies nicht der alleinige Auslöser sein.
Nach aktuellem Wissensstand geht man davon aus, dass der Mandelkern im Gehirn bei Menschen mit Borderline-Persönlichkeitsstörung deutlich kleiner und erregbarer als bei Menschen ohne Borderline-Persönlichkeitsstörung ist.
Dies ist jedoch nicht die einzige Veränderung im Vergleich zu Menschen ohne BPS. So sind bei Menschen mit Borderline-Persönlichkeitsstörung weiter Veränderungen an dem Hippocampus und der vorderen Großhirnrinde festgestellt wurden.
Dies erklärt auch, warum Menschen mit BPS ihre Emotionen nicht so gut steuern können.

So geht man nach aktuellem Wissensstand davon aus, dass mehrere Faktoren zusammen kommen müssen, damit eine Borderline-Persönlichkeitsstörung entstehen kann.

Wie alle Persönlichkeitsstörungen gehört auch die Borderline-Persönlichkeitsstörung zu den sogenannten Frühstörungen. Frühstörungen sind Störungen, die schon in der frühkindlichen Eltern-Kind-Bindung entstehen.

Eine weitere Ursache kann sein, dass sich das eigene ICH der Betroffenen nicht ausreichend in der Kindheit aufbauen, entwickeln und stärken konnte. Dies ist oftmals der Fall, wenn sich die Eltern nicht ausreichend mit dem Kind beschäftigen konnten oder das Kind nicht individuell bei der Entwicklung seines eigenen ICH gefördert und unterstützt wurde.

Zudem kommt das viele Menschen mit BPS von sexuellen Missbrauch in Ihrer Kindheit berichten.

Von extrem widersprüchlichen Gefühlen, wie zum Beispiel Liebe und Hass gegenüber einer Bezugsperson kann die Psyche eines Kindes schnell überfordert werden, was dann eine Borderline-Persönlichkeitsstörung begünstigen kann. Letzteres ist dann der Fall, wenn das Kind zum Beispiel von den eigenen Eltern misshandelt oder sexuell missbraucht wurde.

Wie fühlen Menschen mit einer BPS?

Die Gefühlslage von Menschen mit Borderline-Persönlichkeitsstörung reicht vom Gefühlschaos bis hin zum suizidalen Verhalten oder zur Durchführung eines Suizids. Dabei sind sie mit ihren sehr schnell wechselnden Gefühlen überfordert.
Dieses doch sehr anstrengende Chaos der Gefühle wirkt für einige Menschen mit Borderline-Persönlichkeitsstörung als etwas Lebendiges und ist somit erträglicher als das dauerhafte Gefühl der inneren Leere, beidem die Betroffenen ihren Bezug zum eigenen Körper verlieren und sich somit nicht mehr selbst wahrnehmen können. Am besten kann man dies mit dem „es ist mir alles egal" Gefühl beschreiben. Für Menschen ohne Borderline-Persönlichkeitsstörung
ist es sehr schwierig bis unmöglich sich in dieses Gefühl hinein zu versetzten.
Die Betroffenen verlieren so auch nach und nach ihre Lebensfreude oder Freude an Dinge und Sachen, die sie vor der Erkrankung gerne gemacht haben, zum Beispiel ihre Hobbys.

Erschwerend kommt noch dazu, dass sich die Betroffenen in ihrem eigenen Körper, in dem sie sich ohne hin schon nicht wohlfühlen, „gefangen" fühlen. Viele Verhaltensweisen eines an BPS erkrankten Menschen wirken auf seine Umwelt als nicht nachvollziehbar und sind oftmals auch der Situation nicht angemessen.
Es gibt bei Menschen mit Borderline Persönlichkeitsstörung keinen gesunden Mittelweg. So lieben sie einen Menschen zum Beispiel abgöttisch oder Hassen ihn bis aufs Letzte.
Genauso, wie bei einer bipolaren affektiven Störung sind Betroffene oftmals manisch und dann wieder traurig oder gar depressiv. Die Betroffenen verhalten sich weiter selbst entwertend, kindisch, haben Schlaf- und Essstörungen sowie Flashbacks von ihren schrecklichen Lebensereignissen. Sie fühlen sich allmächtig oder ihnen fehlt ihr Körpergefühl. Die eigene Identität der an Borderline-Persönlichkeitsstörung leidenden Menschen ist gestört, so haben die Betroffen mehrere Vorstellungen von sich selbst, welche sich jedoch oftmals stark unterscheiden. So fehlt ihnen ihr eindeutiges ICH. Da ihr ICH häufig wechselt,
können sich unter BPS leidende Menschen nach einem Ereignis, zum Beispiel einen Wutausbruch nur noch sehr schemenhaft an den Vorfall erinnern.

Diese fehlende eigene Identität irritiert die Betroffenen auch oftmals selbst. Menschen mit einer Borderline-Persönlichkeitsstörung haben ständig das Gefühl sich neu beweisen zu müssen, wo sie auch vor extremen und lebensgefährlichen Aktionen keinen Halt machen.
Ein anderer Bereich der Gefühle, der die Betroffenen sehr beschäftigt ist die Angst vor der Einsamkeit oder vor dem Verlassen werden.
Dies zeigt sich vor allem in einer partnerschaftlichen Beziehung. Die Betroffenen kletten oftmals an ihrem Lebenspartner oder bekommen Angstzustände, wenn dieser nicht unverzüglich auf ihn reagiert.
Auch brauchen Menschen mit Borderline-Persönlichkeitsstörung ständig Bestätigung.
Nicht selten machen sie sich von ihrem Lebenspartner abhängig oder sind diesem unterwürfig.

Bei einigen Lesern kommt nun bestimmt die Frage auf, wie gehe ich mit einem unter Borderline-Persönlichkeitsstörung leidenden Menschen um?
Zu dieser Frage möchte ich Ihnen auf den nächsten Seiten einige Hinweise und Hilfestellungen geben.

**„Ich fühle mich, als ob ich nicht in meinem Körper bin,
ich stehe neben meinem Körper und sehe machtlos zu."**

Aussage eines unter BPS leidenden Menschen

Wie gehe ich mit einem unter BPS leidenden Mensch um?

Da die Borderline-Persönlichkeitsstörung nicht nur für die Betroffenen selbst sondern auf für dessen Angehörige anstrengend ist, möchte ich denen an dieser Stelle einige Ratschläge und Hilfestellungen für den Umgang mit einem unter Borderline-Persönlichkeitsstörung leidenden Mensch geben.

Wie bei allen psychischen Krankheiten, ist es auch bei der BPS wichtig, dass die Angehörigen ihre eigenen Grenzen kennen und diese nicht überschreiten. Denn dann ist dem Betroffenen auch nicht geholfen und der Angehörige läuft selbst die Gefahr psychisch krank zu werden.

Wenn Sie als Angehöriger merken, dass Sie über Ihre eigene Grenze treten, so ist es wichtig, dass Sie sich Halt und Gelegenheit zum Austausch suchen, dazu sind Beratungsstellen, Selbsthilfegruppen oder eine private psychologische Beratung bei einem geschulten Berater zu empfehlen.

Wie gehe ich mit einem unter BPS leidenden Mensch um?

Da die Borderline-Persönlichkeitsstörung nicht nur für die Betroffenen selbst sondern auf für dessen Angehörige anstrengend ist, möchte ich denen an dieser Stelle einige Ratschläge und Hilfestellungen für den Umgang mit einem unter Borderline-Persönlichkeitsstörung leidenden Mensch geben.

Wie bei allen psychischen Krankheiten, ist es auch bei der BPS wichtig, dass die Angehörigen ihre eigenen Grenzen kennen und diese nicht überschreiten. Denn dann ist dem Betroffenen auch nicht geholfen und der Angehörige läuft selbst die Gefahr psychisch krank zu werden.

Wenn Sie als Angehöriger merken, dass Sie über Ihre eigene Grenze treten, so ist es wichtig, dass Sie sich Halt und Gelegenheit zum Austausch suchen, dazu sind Beratungsstellen, Selbsthilfegruppen oder eine private psychologische Beratung bei einem geschulten Berater zu empfehlen.

Der Therapeut wird Ihnen sicher weiterhelfen.

Reden Sie sich als Angehöriger bitte nicht ein, dass Sie die Ursache für die Borderline-Persönlichkeitsstörung der/ des Betroffenen sind, lernen Sie stattdessen mit der Krankheit des Betroffenen umzugehen.

Wenn die/ der Betroffene sich im Zimmer einschließt und seine Ruhe haben will, so engen Sie die/ den Betroffene(n) bitte nicht ein und geben der/ den Betroffenen diesen Freiraum.

Machen Sie sich auch klar, dass Sie nicht für den an Borderline-Persönlichkeitsstörung erkrankten Mensch leben, denn Sie haben auch noch ein eigenes Leben, was Sie auf keinen Fall aufgeben dürfen.

Ich hoffe, ich konnte Ihnen auf diesen Seiten Ratschläge und Hilfestellungen geben. Auf den folgenden Seiten haben Sie die Möglichkeit Ihre noch offenen Fragen im Umgang mit Borderlinern aufzuschreiben. Nutzen Sie diese Möglichkeit.

Meine noch offenen Fragen zum Umgang mit Borderlinern sind:

_____

_____

_____

_____

_____

_____

_____

_____

_____

_____

_____

BPS und Sexualität

Sexualität bei der Borderline-Persönlichkeitsstörung ist ein sehr komplexes Thema. Ich versuche dennoch die wichtigsten Fakten darzulegen.

Während sich die einen Betroffenen von körperlicher Nähe und somit auch Sexualität komplett abwenden, hat es eine andere Gruppe der Betroffenen mit einem übermäßigen Drang nach Sex bis hin zur Sexsucht zu tun. Dabei ist auch ein gefährliches Sexualverhalten wie beispielsweise ungeschützter Geschlechtsverkehr mit fremden Personen nicht ausgeschlossen. Auch ständig wechselnde Geschlechtspartner sind bei dieser Gruppe, von Betroffenen keine Seltenheit. Durch den häufigen Wechsel der Geschlechtspartner bekommen die Betroffenen Bestätigung. Obwohl auch diese Gruppe eigentlich nicht in der Lage ist sich bei dem Akt „fallen zu lassen", ist das Verlangen nach Bestätigung größer. Die gestörte Sexualität ist als auch ein Grund, warum eine partnerschaftliche Beziehung nicht zufriedenstellend ist, was die Betroffenen zusätzlich belastet.

Es kann sein, dass ein Mensch mit BPS beispielsweise über einen gewissen, manchmal auch längeren Zeitraum gar keinen Sex zulässt, dann aber wieder über längere Zeit ein extremes Verlangen nach körperlicher Nähe und Sexualität verspürt.
In diesem Fall ist es wichtig, dass die Lebenspartnerin/ der Lebenspartner die/ den Betroffenen nicht zusätzlich unter Druck setzt.
Durch zusätzliche Anspannung von Außen wird die Gefahr des selbstverletzenden Verhaltens oder gar ein suizidales Verhalten ungünstig unterstützt.

Da bei Menschen mit Borderline-Persönlichkeitsstörung die Gefühle von einen Extrem zum anderen Extrem extrem schwanken, kann es aber auch sein, dass die Betroffen die/ den einst so geliebten Lebenspartnerin/ Lebenspartner plötzlich hassen und sie/ ihn aus Angst vor der Einsamkeit dennoch nicht verlassen.
Auch ist es nicht unüblich, dass Betroffene noch aus Angst vor dem Verlassen sein und der Einsamkeit den Kontakt zu ihren Ex-Lebenspartnern aufrecht halten wollen. Hier sind auch meist die Gefühle der Verlassensangst und der Einsamkeit von dem Gefühl der inneren Leere begleitet.

Innere Leere

Die innere Leere, also das Fehlen sämtlicher Gefühle, ist ein ständiger Begleiter der Borderline-Persönlichkeitsstörung. Die Betroffenen versuchen oftmals dieses nicht aushaltbare Gefühl, welches wesentlich schlimmer als die Traurigkeit ist und die damit zusammenhängende Anspannung durch selbstverletzendes Verhalten oder beispielsweise durch den Konsum von Drogen oder übermäßigen Sex zu unterdrücken.
Jedoch muss ein selbstschädigendes Verhalten nicht zwingend eintreffen. So versucht beispielsweise eine andere Gruppe von Borderline-Kranken sich stattdessen anderweitig abzulenken. Dies kann zum Beispiel ein Gespräch mit Freunden oder ein Spaziergang im Freien sein.
Innere Leere stellt sich dann ein, wenn sämtliche Gefühle erloschen sind. Betroffene berichten, dass sie sich wie abgestorben fühlen und dass ihnen immer wieder dieselben Gedanken durch den Kopf gehen. Diese schmerzhafte innere Leere kann bis zum Suizid führen.

„**Die unkontrollierbare Spannung in mir,
kann mich jeden Moment explodieren lassen.**"

Aussage eines unter BPS leidenden Menschen.

Stimmungsschwankungen

Einfache Stimmungsschwankungen hat sicher jeder Mensch schon einmal erlebt. Diese einfachen Stimmungsschwankungen benötigen auch keiner professionellen Hilfe, da diese nach relativ kurzer Zeit wieder von selbst verschwinden.
Anders sieht dies bei Menschen mit einer Borderline-Persönlichkeitsstörung aus. Die Betroffenen neigen zu extremen Emotionen die genau so rasch wechseln können wie die eigene Identität.
Ein gutes Beispiel hierfür sind die schnell und oftmals nicht situationsangemessenen Wutanfälle der Betroffenen. Die Stimmungsschwankungen reichen von Manie bis hin zur starken Reizbarkeit oder starker Angst. Die Betroffenen reagieren oft unmittelbar auf plötzliche Impulse aus der Umwelt und können dann ihre Wut sehr schlecht kontrollieren.
Basierend auf der extremen Angst vor Enttäuschungen oder dem Verlassenwerden, neigen unter einer BPS erkrankte Menschen sehr häufig unter kaum kontrollierbaren und übermäßig starken Wutausbrüchen.

Diese Wutausbrüche können dann zur körperlicher Gewalt gegenüber dem Betroffenen selbst (Selbstverletzung) oder gegen eines anderen führen. Wenn sich eine Anspannung in den Betroffenen aufgebaut hat, so reicht ein kleiner „Funke" um die Gefühlswelt außer Kontrolle zubringen.
Die Folge ist dann meist ein für die Situation nicht angebrachter Wutausbruch. Beispielsweise reicht es dann schon aus, wenn das Telefon nicht am richtigen Platz steht und die ganze angesammelte Anspannung wird mittels Wutausbruchs freigesetzt.
Angehörige sollten sich in dieser Situation zurückziehen, um die Situation nicht noch unnötig zu verschlimmern. Aber genau dieses Verhalten der Borderliner lässt die Umwelt, die Betroffenen als launisch und nicht berechenbar empfinden.
Nach nur kurzer Zeit kann sich die Gefühlswelt der Betroffenen geändert haben und sie können sich, wie schon erwähnt wenn nur schemenhaft an den Wutausbruch erinnern. Es gibt aber auch Menschen mit BPS, bei denen ein Wutausbruch nicht für ihre Umwelt sichtbar wird, da er sich im Inneren der Betroffenen abspielt.

Wut

Für viele Menschen mit Borderline-Persönlichkeitsstörung ist Wut eine Basis-Emotion. Die Wut kann sich über lange Zeit stecken ohne das die Betroffenen mit der Wut umgehen können.
Auch hier können einige Betroffenen nur mit selbstverletzenden Verhalten gegensteuern.
Im Verlauf einer Therapie lernen die Betroffenen mit dieser Wut umzugehen und Alternativen zum selbstverletzenden Verhalten kennen. Diese können Beispielsweise ein Knetball oder andere Dinge sein, an denen die Betroffen ihre Wut auslassen können, anstatt sich selbst zu verletzen.
Nicht selten geht dabei der zur Wutentladung genutzte Gegenstand kaputt.

Selbstverletzung und suizidales Verhalten

Mit dem selbstverletzenden Verhalten versuchen viele Menschen mit Borderline-Persönlichkeitsstörung ihre nicht oder nur sehr schwer aushaltbare innere Anspannung zu reduzieren.
Eine Betroffene erklärte mir ihre Gefühlslage im Moment des selbstverletzenden Verhaltens wie folgt: „wenn die Klinge durch meine Haut fährt und ich das Blut aus meinem Körper flüchten sehe, merke ich, das ich noch leben und spüre eine starkes Gefühl der Entspannung."
Wie lang ein solches Verhalten jedoch für Erleichterung der betroffenen Person reicht, ist individuell sehr verschieden. So haben die einen Betroffenen nach wenigen Stunden oder schon nach wenigen Minuten den erneuten Drang sich selbst zu verletzen, während die anderen betroffenen Personen erst nach Tagen oder Wochen einen erneuten Drang zur Selbstverletzung verspüren.
Dieses selbstverletzende Verhalten löst keinesfalls die Kernursache der BPS und es bleiben Narben, die den Betroffenen nachher oft sogar peinlich sind. Für den Moment aber ist der Drang nach einer Erleichterung stärker.

Suizidales Verhalten

Für viele Betroffene gehören ständige und sich wiederholenden Gedanken an ihrem Freitod zum Lebensalltag. Sämtliche, noch so kleinste Hinweise sollten von den Angehörigen stets ernst genommen werden.
So versuchen Betroffene beispielsweise sich mit übermäßigen Alkoholkonsum, Drogenkonsum oder den Konsum von Medikamenten in Verbindung mit Schnitten das Leben zu nehmen.
Viele dieser Suizidversuche haben bereits Borderlinern das Leben gekostet.
Besonders in Stresssituationen und in Situationen der Angst sind die Betroffenen Suizid gefährdet.
Auch bei betroffenen Personen die sich in psychiatrischer Behandlung befinden sind Suizidversuche nicht ausgeschlossen.
Dies ist aber meist auf eine unzureichende psychiatrische Versorgung oder auch auf unzureichend verordnete oder gar falsch verordnete Medikamente zurück zuführen.

„**Erst wenn die Suizidgedanken wiederkommen, merke ich, dass ich noch Lebe.**"

Aussage eines unter BPS leidenden Menschen

Die Betroffenen kündigen einen bevorstehen Suizid meist als letzten Hilferuf an, bevor es zum Versuch oder der Durchführung dessen kommt.
Nach aktuellem Wissen nehmen sich etwa zehn Prozent der Menschen, die unter einer Borderline-Persönlichkeitsstörung leiden, das Leben. Dieser für die Angehörigen sehr schmerzliche Lebenseinschnitt ist für die Betroffenen der letzte Ausweg aus ihrer Gefangenschaft im eigenen Körper der Angst und Leere zu fliehen.
Ebenfalls sind die Suizidgedanken oftmals für die Betroffenen ein Mittel zur Entspannung. Auch weil sich die Betroffenen oft selbst als unnötige Belastung für die Angehörigen sehen, ist dies ein weiterer Anlass für die Betroffenen sich das Leben zu nehmen.

Essstörungen bei der BPS

Nicht wenige Betroffene leiden begleitend zur Borderline-Persönlichkeitsstörung unter einer Form der Essstörung. Essstörungen sind neben der Depression einer der hauptsächlichen Begleitungen der Borderline-Persönlichkeitsstörung. Diese kann sich durch übermäßigen, nicht selten auch durch zwanghaftem Essverhalten bis hin zu Bulimie kennzeichnen. An dieser Stelle sei noch einmal drauf hingewiesen, dass es sich bei einer Essstörung um eine psychosomatische Erkrankung mit Suchtcharakter handelt. Es ist nicht selten, dass die Betroffenen mitten in der Nacht dieser „Sucht" nachgehen müssen. Eine andere Gruppe Borderliner meist junge Mädchen, führen eine Essstörung in Form der Bulimie also führen sich nach der Nahrungsaufnahme erbrechen zu. Es gibt auch eine Gruppe von Betroffenen, die jegliche Nahrungsaufnahme komplett verweigern. So verschieden, wie die Borderline-Persönlichkeitsstörung ist, so verschieden sind auch die möglichen Formen der Essstörung, die jedoch nicht bei allen Betroffenen auftreten müssen.

Behandlungsmöglichkeiten

Im Regelfall setzt sich die Behandlung einer Borderline-Persönlichkeitsstörung aus einer Psychotherapie und einer medikamentösen Therapie zusammen.

Die wohl bekannteste und Therapie ist die **Dialektisch behaviorale Therapie** kurz **DBT**. In dieser Therapie gibt es Einzel- aber auch Gruppentherapien, welche Form dieser Therapie für die Betroffenen am besten geeignet ist, wird mit dem Therapeuten zusammen herausgefunden. Bei dieser Therapie ist die Erfolgschance ziemlich hoch und die Abbruchraten verhältnismäßig niedrig. Inhalt der Therapie ist es, dass die Betroffenen lernen, ihre Anspannung besser auszuhalten und mit ihrem Gefühlschaos besser umzugehen lernen.

Transference Focused Therapy kurz **TFP**. Ziel der TFP ist Minderung der für die Borderline-Persönlichkeitsstörung typischen Symptome. Meist findet diese Therapie zweimal pro Woche statt. Bei dieser Therapie steht seit der ersten Stunde an die Übertragungsbeziehung im Fokus.

Die mentalisierungsbasierte Therapie kurz **MBT** ist eine weitere Möglichkeit, der Therapie von Borderline-Persönlichkeitsstörung.
Ziel der MBT ist es, eine Verbesserung des eigenen Erleben in einem verstehenden Zusammenhang zu erreichen.

Die **Schematherapie** kurz **SFT**
Diese Therapie liegt der Annahme zur Grunde, dass es in der Kindheit negative Ereignisse wie zum Beispiel sexuellen Missbrauch gegeben hat.
Ziel dieser Therapie ist, dass sich die meist unbewussten Muster der Betroffenen ändern und die Betroffenen angebracht agieren können.

Nun sei noch die **medikamentöse Therapie** genannt. Medikamente, welche eine Borderline-Persönlichkeitsstörung heilen können gibt es noch nicht. Dennoch werden zur unterstützenden Wirkung verschiedene Psychopharmaka eingesetzt.

Borderline bedeutet für mich...

Schreiben Sie hier auf, was Borderline-Persönlichkeitsstörung für Sie bedeutet.

...

**„Borderline bedeutet für mich...
...meine Gefühle nicht wahrnehmen zu können."**

Aussage eines unter BPS leidenden Menschen

Aussichten nach einer Therapie

In einer akut Phase mag man es nicht für möglich halten, dass der Erfolg bei den meisten während der Therapie einsetzt. So erfüllt ein großer Teil der Betroffenen nicht mehr die typischen Borderline-Kriterien und wird dem nach nicht mehr als unter Borderline-Persönlichkeitsstörung leidend eingestuft. Man muss sich jedoch im Klaren darüber sein, dass dieser Erfolg nicht bei allen Betroffenen eintritt und schon gar nicht nach kurzer Zeit.
Wenn sich die Betroffen einen schnellen Therapieerfolg versprechen, kann dies den gesamten Therapieverlauf schaden. Genauso wie die Betroffenen ohne den festen Grundstein, nämlich den Willen, gegen diese Störung anzugehen, den Therapieerfolg ebenfalls negativ beeinflussen.
Auch nach einer erfolgreichen Therapie bleiben weiterhin Beeinträchtigungen im Alltag beziehungsweise in bestimmten Situationen, mit denen die Betroffenen aber im Regelfall durch die Therapie gelernt haben umzugehen.

Rückfälle sind dennoch auch bei dieser Art der psychischen Störung nicht ausgeschlossen.
Wenn Betroffene einen Rückfall erlitten haben und über diesem Sprechen, so sollten Angehörige oder Freunde die/ den Betroffene(n) zur weiteren Therapie ermutigen. Auch die betroffene Person selbst sollte sich, auch wenn es für sie in der Phase des Rückfalls als unwirklich und unmöglich erscheint, die Therapie weiter mit einem erfolgreichen Ziel vor Augen durchführen, sich aber auch auf eventuelle weitere Rückfälle einstellen.

Partnerschaft

Eine Partnerschaft mit einem unter Borderline-Persönlichkeitsstörung leidenden Mensch ist leider oft nicht einfach, die Betroffenen drücken ihre Gefühle nicht angemessenen aus oder zeigen keine Gefühle. Dies machen die Betroffenen, um sich selbst zu schützen. Dieser Zustand ist für eine Partnerschaft erdrückend. Auch lügen die Betroffenen oder gehen fremd.
Die starken und oftmals schnell wechselnden Gefühlslagen belasten die Partnerschaft weiter negativ. Die Partnerin/ der Partner ist dann meist der Leidtragende dieser Stimmungsschwankungen.
Die eigentlichen Schwierigkeiten treten aber erst dann auf, wenn die Betroffenen von ihrem/ ihrer Lebenspartner(in) verletzt wurden.
Zu Beginn einer partnerschaftlichen Beziehung haben die Betroffenen nicht die nötige Grundlage, um auf der Partnerin/ dem Partner wütend zu sein und ihm das spüren zulassen, beispielsweise durch einen Wutausbruch.

Das oftmals gestörte Sexualleben der Betroffenen ist nicht selten eine weitere Belastung in einer Partnerschaft (dazu „BPS und Sexualität")

Der Hauptgrund, warum Menschen mit Borderline-Persönlichkeitsstörung fremdgehen, ist oftmals der, dass sie sich nicht ausreichend bestätigt fühlen und über diesen Weg die fehlende Bestätigung suchen.

Für viele Betroffene kommt daher auch nur eine offene Beziehung in Frage. Die Betroffenen möchten ihre Lebenspartnerin/ ihren Lebenspartner nicht verletzen. Sie haben sogar sehr große Angst, verlassen zu werden.

Sollte die Lebenspartnerin/ der Lebenspartner einmal die Partnerschaft beenden, so versuchen die meisten Betroffen weiter den Kontakt zu halten, da sie diesen Mensch keines Falls aus ihrem Leben verlieren möchten.

Freundschaft und Borderline

Schon eine einfache Freundschaft zwischen betroffenen und nicht betroffenen Menschen ist oft schwierig, da die nicht Betroffenen die Verhaltensweisen des an Borderline-Persönlichkeitsstörung leidenden nicht nachvollziehen können. Sie finden die Betroffenen oftmals komisch oder sehr kindisch. Wenn die Betroffenen damit konfrontiert werden, so brechen sie nicht selten den Kontakt vorübergehend ab.
Meist wird der Kontakt sehr schnell wieder gesucht, da die Betroffenen Angst haben diesen Menschen für immer aus ihrem Leben zu verlieren.
Auch suchen manche Betroffene die sexuelle Nähe zu ihren Freunden.
Einige Betroffene sagen, dass sie gar keine Freunde hätten, es seien viel mehr Bekannte.
Solle eine Freundschaft zu einer betroffenen Person von ernsthafter Bedeutung sein, so sollten Sie vom ersten Tag an keine sexuellen Kontakte zustimmen.

Eine Freundschaft mit einer Betroffenen Person kann sehr anstrengend aber auch sehr schön sein.
Nicht selten setzen die erkrankten Personen Sie unter Druck oder möchten Sachen mit ihnen erleben, die aber nicht von gegenseitigen Interesse sind.
Sie sollten dann das Gespräch mit der Betroffenen Person suchen, was nicht unbedingt einfach verlaufen muss.
Auch ist es möglich, dass die Betroffene eifersüchtig auf Ihre weiteren Freundschaften sind und versuchen diese zu zerstören. Auch hier ist wieder ein wesentlicher Faktor die Angst Sie zu verlieren.
Ich rate den Freunden von Betroffenen sich über diese psychische Krankheit zu informieren, damit sie die Borderline-Persönlichkeitsstörung besser verstehen lernen.
Die ersten zwei Schritte haben Sie schon getan, indem Sie diesen Ratgeber gekauft und dann gelesen haben.

„Mal haben wir jeden Tag Kontakt oder sehen uns sehr oft aber dann sind auch Wochen der Stille."

Aussage eines Freundes

Was habe ich, für mich über die Borderline-Persönlichkeitsstörung gelernt?

Nun haben Sie die Möglichkeit aufzuschreiben, was Sie über die Borderline-Persönlichkeitsstörung gelernt haben und wie Sie in Zukunft mit kritischen Situationen umgehen wollen.

_____

_____

_____

_____

_____

_____

_____

_____

_____

_____

Schlusswort

Ich hoffe, ich konnte Ihnen in diesem kleinen Ratgeber wichtige und für Sie neue Information über die Borderline-Persönlichkeitsstörung übermitteln und Ihnen einige Ratschläge für den weiteren Umgang mit der Borderline-Persönlichkeitsstörung geben.

Dadurch, dass Sie aktiv in diesem Ratgeber mit einbezogen wurden, ist die Wahrscheinlichkeit, dass Sie das hier erworbene Wissen besser im Bedarfsfall anwenden können deutlich höher.

Allen Betroffenen, deren Angehörigen und Freunden wünsche ich für die Zukunft herzlichst alles Gute.

Danksagung

Das dieser Ratgeber überhaupt erscheinen konnte, ist in erster Linie den Menschen zu verdanken, die mich mit ihrem Wissen aber auch durch ihre eigene Erfahrung mit der Borderline-Persönlichkeitsstörung unterstützt haben.

Auch danke ich weiter den Menschen, die mich bei der Gestaltung sowie der Korrektur dieses Ratgebers unterstützt haben.